고 은

시집 부끄러움 가득

Poetics 시학

부끄러움 가득

지은이 | 고 은
펴낸이 | 김재룡
펴낸곳 | 도서출판 Poetics 시학
1판 1쇄 | 2006년 11월 30일
1판 2쇄 | 2006년 12월 30일
주소 | 서울시 종로구 명륜동1가 42
출판등록 | 2003년 4월 3일
전화 | 744-0110
팩스 | 3672-2674

ISBN 89-91914-17-9 03810

* 저자와의 협의에 의해 인지를 생략합니다.
* 잘못된 책은 바꾸어 드립니다.

부끄러움 가득羞滿面

— 이 색

차 례

부끄러움 가득

너에게 시가 왔느냐

가슴 열었다 허파가 나왔다 뜨끈뜨끈한 염통이 나와 버렸다
숨은 천년 전의 미래
꼭꼭 숨은
천년 후의 과거
이것들이 뭉게뭉게 뭉쳐
오늘의 맨 얼굴을 만들어냈다
아지랑이
아지랑이 암컷아

발제 그리고 빈약한 토론

2000년은 20세기인가 21세기인가
2000년 첫 여름
경주 인공호수 한 켠
호텔 식당에서
나는 벚나무 사이로 물을 보고 있었다

물은 너무 많은 허위에
에워싸여 있었다

이제부터 아메리카 제국주의와 싸우기 위해서
함께 뭉치자고
브르디외가 나에게 말했다
그는 나보다 세 살 위
나보다 더 소년
나도 덩달아 소년이었다

물은 물 속의 삶과 죽음들을
모르는 척하고 있었다

프랑스의 과거와
한국의 현재가 뭉쳐
오늘의 얼굴을 만들었다

오 우연의 절대

그때
통유리창 밖으로
박새 한 마리가 날라갔다
(참새가 아니라 박새일 것이다)
내 눈길은
뜨거운 제국주의를 그냥 놔두고
그 새
그 새의 찰나에 사로잡혔다

브르디외가 물었다
지금 너에게 시가 왔느냐
라고
(새가 지나갔으니 틀림없이 너에게 시가 왔을 것이다)

나는 창 밖의 물 속에서
방금 솟아올라
오래 참았던 숨을 터뜨렸다
나는 젖은 장님으로 대답했다

그렇다 시가 왔다
라고

둘은 뭉쳐 껄껄 웃었다
웃을 때
하나는 얼굴과 목 주름이 너무 많았고
하나는 아예 눈이 없었다

브르디외는 그 길로 일본에 건너가
후지와라쇼텡 주최의 기념강연을 하고 빠리로 돌아
갔다
얼마 뒤 세상 떠났다
나는 후지와라판 브르디외 라이브러리 14권을
이것저것 넘겨 보았다
그런 뒤
데리다와 사이드의 조사弔辭를 읽어 보았다

가만히 또 시가 왔다

비닐봉지

쪽파 두 단 담아온
검정 비닐봉지

빈 비닐봉지

괜히 바람 한 자락에 날아올라
저 혼자 춤추더라
춤추다가
울 넘어 시시부지 가버리더라

어머니

귀

이 세상 넘어
다른 세상에서 누가 온다

밤빗소리

누가 그 세상에 간다 꼭 만나리라

하령에게

웬일로 바람 잔다 풀들의 울음 뚝 그쳤다

새끼도랑물 소리
새끼도랑물 소리 서로 속삭인다

바다 그 배래
아직 어디인 줄 몰라

쓰지 않은 시가 훨씬 더 시이다

귀가

며칠 전 아내의 꿈 속에서
썩은 송곳니가 빠졌다

오늘 나는
여의도 오종우 맨션치과에 가서
내 오래된 동무 어금니 둘을 뺐다 생시이다

아내는 나의 앞이고 나는 아내의 뒤이다 무척이나 좋아

집에 오니
너 새빨간 글라디오라스

여기 저기

이것에 이름이 붙어 있구나
저것에 이름이 붙어 있구나
또
저것에 이름이 붙어 있구나
목마르구나

한 사람의 거짓
만 사람에게 퍼져나가
허위단심 참이 되었구나

바람의 똥

여기

눈빛과 눈빛 사이
숨찬 미움으로
사랑으로
쌓인 이름들

다 소용없구나

저기

꽃 한 송이 외롭다

어둠

비가 왔다
온 누리 잎새들이 실컷 씻겼다
새롭다
이는 바람도
산과 들도 씻겼다
새롭다

썽큼썽큼 먼 곳이 와 있다

한낮 모든 그늘들이 싹 쓸어 숨었다
이런 곳
누구의 곳 나의 곳

한 소경이 동에서 서으로 걸어간다

기쁨

저 섬들이
다 가라앉아
휑
빈 바다로 되어 버렸다가

몇백 년 뒤
기어이
기어이
가라앉은 그것들이
옛 이름 잊어버리고
다시 솟아나

빈 다도해 그 바다로 우르르 돌아오는 날

오늘

쇠갈매기야
네 새끼 둘 곳이 여기 있구나 나도 여기 있구나

낙안읍

숨이 길었다
전라남도 승주군 낙안읍에 어찌어찌 가게 되어
거기
간밤이 마침 제삿날 밤이었던 듯
대물림 옥비녀 꽂은
저 증조모님 혼령쯤 다녀가신 듯
초가집

그 집 이웃
옹기
종기
모듬살이 어어오는 것 보았네
내년 삼월 삼짇날 앞뒤로 오실 제비의 먼 길
하늘에 나 있는 것 보았네

박 한 덩이 두둥실
초가집 지붕
그 잔등 굽은 물매라든지

어리수굿 철 들어 고개 그윽이 떨군 처마라든지
알딸딸한 겨울 아침

큰 놈 작은 놈 다 나와 매달린
처마 고드름들이라든지
한낮
그 고드름들 녹아 주며
몇 방울씩 남은 설움인 듯 낙숫물 지는 소리라든지
묵은 뉘우침 같이 되새겨지는
낮닭 우는 소리에
무슨 일이여 하고 돌아다보는 어린아이의 뒤통수라든지
저 건너 운암산자락 데면데면한 사돈같은 적막이라든지

그런 것들을
순 공짜배기로 보았네
보고 돌아왔네

산수유꽃 핀 날

어린 왕
어린 조카인 왕 내쫓아 버리고
왕이 된 사나이
조선 세조

당신은 마마가 아니라
오직 나으리일 뿐이라고
끝까지
끝까지
세조더러 나으리라고 부른
성삼문의
그 등짝 찌직찌직 지져대는
달군 시뻘건 쇠고챙이 고문의
아픔
찌직찌직 타들어가는
역한 살 냄새 친국 고문의
그 아픔

오늘
너무 일찍 피어난 산수유꽃에 다가가 있다가
돌아섰는데
그 무지무지한 아픔의 4백 년 전 하늘이더라
어쩌자고
그때의 역한 살냄새의 맞바람이더라

숨

막 숨 거둔 사람의 얼굴 고요타
그 얼굴 기슭
아직 남아 있는 숨 꼬리
고요타

애통 사절

낙엽

내 봄 내 여름날로는
내 반생
내 껄렁껄렁한 여생으로는
도저히 네가 될 수 없어라

저 봐
저 봐

지는 떡갈나무잎새 넷 다섯 여섯

빈 몸

지난날
교도소 기결수들은
아침에 발가벗은 채 뛰어간다
뛰어갈 때
똥구녁에 뭔가를 숨기고 가면
그것이 영락없이 빠져나온다

하
하
하고 입을 쩍 벌리고 뛰어간다
입 안에 뭔가 숨기고 가면
그것이 영락없이 튀어나온다

감방에서 공장으로
공장에서 감방으로
벌거숭이 몸
그렇게 간다
그렇게 온다

차라리 무기수를 의지하며 살아가거라
그렇게 살아가면
어느새 7년 만기
4년 만기에 이르고 만다

하
하
하
그렇게 빈 몸으로
세상에 나간다

그렇게 빈 몸으로
세상 떠난다

한낮 님

웬일이신가 푸른 하늘님 어디에도 구름님 아니 계시다

빈 산딸나무님 가지에 앉아
흔들리시는
참새님

사뭇 여기저기 돌아다보셔야 하는
참새님

내 마음님

내 마음님

이미 마당님은 저승님이시다
내 마음님
내 눈님
내 코님
내 입님

내 귀님

내 살갗님

총 6근님 도무지 철딱서니 없도록

어쩌자고 마당님의 여기저기 돌아다보신다 쯔쯔 불쌍하시다

풍경놀이

춘천 베어스타운에서
새벽 3시 반쯤 깼다
다시 잠들었다
7시 반에 깼다
박미현 부장이 8시에 오기로 했다 오고 있을 것이다

창 가득 산들이
하늘과 호수 사이에서 문을 열고 있다
추운 산들
겹겹인데
제 가끔 홑이었다

그 아래로 겨울나무들이
아침 안개를 조금 일으키고 있다
그 아래로
도무지 추운지 모르는 오리들을 호수 전체가 띄우고 있다
이런 때 만물의 이름들이 헛되지 않을 까닭이 없다

오자노래誤字引

그 중편 속
그 단편 속
그 4연짜리 서정시 속
반드시 오자誤字가 계십니다
하나 또는 둘
또는 셋이나 계시기도 합니다

허나
그 외톨
그 사랑받을 수 없는 외톨

그로 하여금
흐르는 강물의 춤
느닷없이 숨막혀 버립니다
어이하리오
하늘 속 들녘
불어가던 바람도 삐끗
어긋나 버립니다

오호라 그 외톨이야말로 일찍이 나의 꿈 아니더뇨
돌아보매
어느 시러베아들 놈의
오자 한 자도 없는
가야산 해인사 고려대장경판 5천1백20만 자의 판각
16만면 그 천년 불행이시여

황해 앞에서

1만 년을 이 황해 가슴과 함께 살아온
뭇 조상 피 받아
황해는
내 고향
내 고향의 고향입니다

1만 년을 이 황해 넋과 함께 살아갈
아득한 자손의 내일들로
황해는
내 세계의 처음입니다

오늘 황해 파도소리 앞
나는 한 척의 통통배입니다 암컷 수컷 수평선이 달려
옵니다

회상

이전부터 가을이 천 번이나 왔다 갔단다
악아
악아
나도
옛날에는 배냇웃음 웃었단다

강도

반도는 늘 손님이 오는 곳이다
대륙에서 오고
바다에서 온다

그들이 손님이라면 버선발로 뛰어나가
얼마나 반갑겠는가

순 강도들

2003년 1월 3일

취중

백운대* 도봉* 주저앉았다
저 건너
보현봉* 주저앉았다

개인 날
아이같이 잘 놀던
개성 송악** 주저앉아 버렸다

허허

황해*** 밀물마당 다 빠져나가
바다 온 밑바닥이 드러나 있다

---

* 백운대, 도봉, 보현봉: 한국 서울 근교近郊의 산.
** 송악: 휴전선 이북 개성開城의 산.
*** 황해: 한국과 중국 사이의 바다.

거기 깡통도 있다 깡통따개도 있다 컹컹컹 짖던 개뼈다귀도 있다

다시 시작할까

쪽지 하나

옛 고운 최치원께서

돌이 말할지도 모르고
거북이 돌아다볼지 모르는데
어떻게 글로써
산을 빛나게 하고
개울을 아름답게 하리오
도리어 숲에서 부끄러움을 당하고
시냇물에게 무안을 당하지 않겠느뇨

라고 쓰거운 약 같은 혀를 내둘러 말하셨을 때!

이에 앞서
얼른
산은 눈부셔 빛나고
개울 또한
에미와 아기인 듯 어여쁘디 어여쁘도록 총총 회돌아
흐르더이다

시의 강호 제군
올해 며칠쯤
시와 시 아닌 것
다 놔두고
빈 손이시라

방금 숨진 송장의 빈 손이시라 그 뒤 불현듯 살아나시라

어느 난생설화

새벽 꿈에 타조를 보았소
아니
타조보다
타조 알을 먼저 보았소
누르스름 히여멀금한 묵언의 알이었소
부화 전
그 알에서 무슨 소리가 들리었소
그 소리에
어미 타조가 알 밖에서
고개를 떨구고
무어라 무어라 중얼거리었소
벌써부터 그들은 서로 이야기를 나누고 있었소

어느 책
신령스러운 새 가릉빈가
달걀 때부터
신령스러운 소리를 낸다 하거니와

내일부터 타조와 타조 알이든
학과 학 알이든

그 알로부터 이미 세상의 목숨 이루었으므로
서로 할 이야기가 하도 하도 많을 터이지

먼지의 노래

라오스

중국 월남 캄보디아 태국 미얀마 정글에 꽉 둘러싸인
라오스

나도 라오스

미쳐 버린 개발도상국가의 하루하루에 포위되었다
천만다행인 건
옛 무성영화 낡은 필름 돌아
부챗살 아침햇살에 춤추는 먼지들
내 넋의 티끌들
얼마나 필사적인가

어디쯤

바다 넘어
저 눈썹 진한 아열대 오끼나와 동쪽 상공

거기 부푼 침묵 속
태풍의 눈이 곧 태어나리라
기다린다
내 한반도의 기나긴 선과 악 한 번쯤 태풍 순회가 모조리 데려가리라
그리고 먼지이거라 먼지의 춤이거라

그 무덤

싸래기눈 내린다 천안 아우내쯤
팥죽색 순대 가득 들어앉은 순대식당들 쪼르르 서 있는
두 팔 들고
나란히 나란히 줄 서 있는
초등학교 아이들
그 코흘리개들
서넛씩 터울로 둔 분주한 아낙의 식당들 서 있는

그 순대식당 건너
올 듯
올 듯
흑성산 한 자락 내려와 서 있는
야트막한 밭두렁 위
거기 합장묘 속
해골 두 분께서도
세상의 싸래기눈 서럽게 내리는 것 느끼시는지
몇 마디 파적이시라

나 목포쯤 가고 싶어유
목포 노적봉 올라
자디잔 섬들 바라보고 싶어유
듣자 허니
서해안고속도로가 쭈욱 나 있다는데
나 윤선도가 여자 셋 불러다가 시조 짓던 곳 가고 싶어유

여수 오동도 동백꽃 보고
동백꽃 지는 것 보고
삼천포로 건너가
삼천포 사천만 바다
늑도
바도 백사장
밤 이슥히 내려앉는
몇백 광년의 별빛 속에 서 있고 싶어유

나 추자도에 건너가고 싶어유

거기 가 물구나무 잘 서는 어느 아낙 뱃속에서
새로 태어나고 싶어유

새로 태어나고 싶어유
새로 태어나
글 따위
순 거짓투성이
글 따위 통 모르고
낫 놓고
기역자 모르고 살아가구 싶어유
그 수염 모자란 윤선도도 모르고 살고 싶어유

또 하나의 무덤

— 문산 야산 이동복의 무덤

한강과
임진강이
허어
허어 오랜만에 만나는 듯 만나는 곳
조강
조금 더 가면
예성강을 만나는 곳
분단국경
거기라면 좋겠다

바람 속
돛을 올리고 싶다
돛 올려
가고
가
저 황해도 장산곶 끝 인민군 초소 언저리
거기라면 좋겠다

해 지는 수평선의 허리 휘인 묵언
한 배 가뜩 실어다가
한반도 남북 정치의 각처에
두루
나눠 주고 싶다
며칠 동안만이라도
고요한 아침의 나라이면 좋겠다

살아
별 볼 일 없던 이동복의 꿈으로
바야흐로
황해 낙조 묵언 한창

삼천포 마도횟집에서

시인 박재삼이 소년 시절
일본 동경 변두리 빈민굴에서 돌아와
사환 노릇을 하던
사환 노릇으로
수업시간 종을 치던
그러다가
한 교사의 눈에 들어
그 학교 학생이 되었던
삼천포고등학교의
교장과
교감
교사들과
그 학교 국어교사인
시인 김은정과 더불어
마도횟집 감성돔회를 먹게 되었는데
마침 날은 저물고 바다도 어둑어둑 떠나가는데
감성돔이란 놈
이 놈은 수컷 암컷으로만 고정되지 않고

때로 수컷이 암컷 되고
암컷이 수컷 되는데

딱히 성 전환을 할 까닭이 있으면
바로 성 전환을 해버리는
감성돔일 터
무릇 인간이라는 너 나도
오늘은 암컷이다가
내일모레는 수컷이다가
또
암컷이다가
그렇게 성 전환해 가며 살아간다면
얼마나
그 얼마나 환장할 잔치 아니겠느뇨
감성돔회 먹고 난 나
어제는 암컷이던 나
오늘은 수컷인 나
풍덩

깜깜한 바다에 빠져 헤엄쳐 가는
한 마리 그 감성돔 누나이고저

먼동

교산 허균의 두 다리 두 팔에
각
각
각
각
네 마리 황소를 매어
사지 찢겨 죽는 형장 3분 4분쯤의
그 통痛 어디 갔나

9 · 28 수복 직후
도망가다 사로잡힌
면 인민위원장
우익의 몰매 맞아 죽어가는
그 10여 분간의 짓이겨진 고깃덩어리 통 어디 갔나

70년대 초
남산 중앙정보부 조사실
원산폭격

물 고문
전기 고문
통닭구이 고문으로 죽어간
최씨의 탄광굴 속 같은 깜깜한 통 어디 갔나

이런 통들이
신새벽 깨어난
내 잠자리의 손님으로 느닷없이 와버렸다

옴짝달싹할 수 없었다
입 속
혓바닥이 없어졌다

먼동 텄다

동굴 밖

강원도 정선 비룡동굴 천장 종유석마다
거기 매달린 박쥐들의
그 태연자약의 한 평생이라니

이 사실이 알려지는 건 큰 잘못이다

동굴 밖에서는 흰 머릿수건 쓴 할멈 혼자
황기를 팔고 있다

황기 한 다발 1만 원
에누리 없다

그것이 동굴 안으로 알려지는 건 더욱 큰 잘못이다

어느 날 저녁 한때

참아라
3천 년 전의 연꽃 씨앗 하나
땅 속 어디
꼭꼭 숨어 박혀 있다가
웬일로 세상에 나왔단다
이 씨앗을 지성으로 싹 틔워
마침내 밤이슬 함초롬한
3천 년 만의 연분홍 연꽃 겹겹으로 피어났단다

이쯤의 오래고 오랜 생명 침묵의 꽃 뒤인가
내 아내의 목소리가
마당 저편에서 어둑어둑 들려왔다

재철이네 무가 아주 달아요 올해 무는 맵지 않아요
여보

신새벽

어디에도 시시한 것 귀살스러운 것
하나 없다
어림없이
신새벽
대화퇴* 복판
불쑥 솟아오른 대궐 귀신고래

아무도 없다

대궐 머리통에서
힘껏 물보라 뿜어낸다

황홀 팟쇼

* 대화퇴: 동해 울릉도 밖의 난바다 한군데.

귀신고래 끝자락 휘어
딱
바다 뱃때기 내리치고는
바로 가라앉아 버린다

아무것도 없다
바다는 또 칠흑 소경의 바다이다 새로 먼동 움튼다

만장봉*에서

내가 한 말
이미 누가 한 말이었다

한 팔 휘두르며
내가 외쳐댄 말
이미 누가 한 말이었다

산꼭대기에서 내려다보았다

도대체 나의 말은
어디 있느냐

내 울음조차도 누구의 울음이었다 철두철미 나는 없다

---

* 만장봉: 한국 서울 근교의 북한산의 한 봉우리.

북한

언제까지
언제까지
너는
나의 현재이냐

오늘밤도 나는 백년 지진의 여진餘震으로 덜덜덜 떨고 있다

궁지

오늘 나에게는 절도 없다 사당도 없다

나는 아무것도 믿지 않는다
필사적으로
밤거리 네온사인에 속아 넘어가지 않는다

조상의 화살촉들이 내 발바닥 밑에서 아직껏 부르르
떤다

확인

감자꽃같이
너는 있었지

밤에는
박꽃같이
너는 술 깬 뒤에 있었지

먹갈치같이
너는
제주 앞바다 누가 빠져 죽은 파도소리 그 속에 있었지

나는 어디에 있을까?
가버린 이데올로기에? 갈보집에? 선유도에? 은파유원지에? 아니 케이프타운에?

강설

천년 전 나는 너였고
천년 후 너는 나이다

이 둘의 귀로 함께 귀 기울인다

한밤중 눈 내린다

소리 없이
소리 없이

귀 기울인다

흰나비

보아라
저 어리석은 바다 위를
지혜귀신
한 마리 흰나비가 날고 있다

이 세상의 모든 책들 닫혀 있다

중복기 中伏記

중복 여름 복판입니다

뒷산 솔밭
버꾸잡이 소나무에
늙은 똥개 매달렸습니다
매달린 똥개
고래고래 소리 질러댑니다

바야흐로 몽둥이질을 시작합니다

똥개 비명
똥개 비명

이렇게 몽둥이로 실컷 패대어야
고기 맛나지
고기가 오지고 고소하지 안 그려

똥개 늘어졌습니다

늘어진
똥개 밑에 검불 불 놓았습니다
똥개 숯검정 꿈틀꿈틀댑니다

어 그놈 명줄 한번 질기구나

몽둥이 홱 던지고 난
박승만 영감
히죽이 웃었습니다 어금니는 틀니입니다

가마솥 김 뭉게구름 피어납니다
코 구멍들
벌룽벌룽댑니다

마침내 삶은 개 다리 한 짝
두둥실 건져 올렸습니다 하늘이 뚝 멈춰 있습니다
환태야 이리 와
너도 한 점 맛보거라

승만 영감
저만치 정희네 집 함석대문 앞에서
침 꼴깍 삼키는
두충머리 우삼이 녀석도 부릅니다

혹시나 이런 물큰 인심이
6 · 25 우와 좌를
9 · 28 좌와 우를
그 이래 무엇이 무엇 무엇을
몽둥이로 패 죽인 그 인심 아니었나
앞산 위 뭉게구름이 생겼습니다

이리와 한 점 맛보거라 어서

나의 유언

저렇게 저녁 노을 강물의 슬픔이 흘러가지 않느냐

마하바라타*의 때가 가고
시경 국풍**의 때가
불러낸 넋들의 달밤 초사***의 때가 오리라

호메로스****의 때가 가고
헤로도토스*****의 때가 오리라

영웅의 때가 가고
하루하루의 새소리인 그대의 때가 오리라

인간이 인간에게 인간인 때가 무르익어 오리라

---

* 마하바라타: 고대 인도 전쟁 서사시.
** 시경 국풍詩經國風: 고대 중국 황하유역의 생활 시가.
*** 초사楚辭: 고대 중국 양자강유역의 무가巫歌.
**** 호메로스: 고대 그리스 서사시인(전쟁 및 영웅 서사).
***** 헤로도토스: 고대 그리스 서사시인(농업 및 신화 서사).

벗의 사투리로 얼마나 황홀할것가

가까운 만년 뒤

혹은 그 뒤

내가 아주 아주 없어졌을 때

모든 전쟁이 죽어 버린

그때가 올것가

오 그때의 해골의 눈

거미집

아무렇게나
아무렇게나가 아닌

툭!

공중에 제 몸 툭 던져

길을 내는 이
길 내어
집 한 채 조용조용 짓는 이

서모이거나 계모이거나 또는 양모이거나 그도 아니거나

간밤 이슬 주렁주렁 싸늘한 보석의 집
빈 집

이 불쌍한 것들아

걸핏하면
생모 찾는 것들아

혜초사문

10대 소년 밀교승 혜초사문을 따라가면
내 마음도 별 수 없이 텅 텅 비어 버린다
고국의 왈가왈부 훌쩍 떠나
바닷길
천축에 가서
흙길
다섯천축 가서

모진 다섯천축 뒤

카쉬미르 산길 숨차 서른 살을 넘었나니

막막 타클라마칸사막 모랫길
거기 발끝
수박씨 하나 떨어졌다가
수박떡잎 나 있는 가을을 맞아
눈물 한 방울도
또한 어느 놈의 내생조차도 없었나니

회오리 솟는 거기쯤 텅 빈 세상에서
그는 오지 않았나니

10월 19일

가을이 내 뼈마디들을 드러내겠습니다
가슴 속속들이
멍들어
푸른 하늘이겠습니다

부러진 칼 번개 하나 없겠습니다
우레 하나 없겠습니다

저녁 황해

저 바다에 공작새 꼬리 떠다닐 까닭 없고
산등성이
산등성이 그늘 가랑잎떼 흩날리겠습니다

영혼은 후회이겠습니다

바닷가에 섬조개껍질 몇 개 놀고 있겠습니다
이제 나는

아무것도 배우지 않겠습니다
오 내 가을의 먹통
오직 휴전선 이남의 작은 이 나라에서 움쩔움쩔 자라
난 것
퍽이나 감사하겠습니다

보십시오
이제
저물어 오는 마을 연기 한 줄기 없겠습니다
아이 부르는 소리도 없겠습니다

삼가 이것이 오늘이겠습니다

가을 답장

가을이 왔습니다
키 작은 우체부가 다른 곳으로 잘못 갔다가 온
편지를 전하고 두런거리며 갔습니다
문 밖에서
아주 오래된 것들이
이름도 붙이기 전의 새로운 것으로 다시 태어납니다
돌멩이도 다지고 다져진 에움길도 그랬습니다
하늘
온갖 의문들이 사라졌습니다
하늘 밑
곧 떨어질 단풍잎새들에게
남아 있는 생이 눈썹 밑 새롭습니다
추수 뒤
벤 벼 그루터기에
돋아난 어린 벼포기도 새롭습니다

단풍나무 그림자가 곱절 길어졌습니다
그 대신 내 넋이 무겁습니다

번뇌들과
천 가지 허영 이것으로
어떻게 이 가을을 맞이하겠습니까

바라건대 넋이 가벼워서야
10만억 국토 지난 저승에 갈 수 있습니다
지금 이 세상에
가을이 왔습니다
얼마나 다행입니까

얼마나 다행한 적이 있었던가요
가을이 왔습니다
아무것도 뉘우칠 것이 없습니다
타버린 재
그것보다 더
가벼울 바람이 붑니다
내 머리카락이 두런두런
깨어납니다

바람 한 점이
진 잎새들 뒤집어 말합니다
네 말은 무엇이냐고
네 말은 사랑이냐고 사랑의 허망 아니냐고

부끄럽습니다

사랑은 오늘이 아니라 늘 지나간 것입니다
불붙은 연탄 아궁이가
밤새 그 뜨거운 사랑을 빨아들이고 있습니다
오늘도 누구의 오늘이자
곧 누구의 어제입니다
나는 구절초꽃 한 가지 볼 수 없도록
감히 눈을 뜨지 못합니다

세상이 소경 하나를 에워싸고 있습니다
산등 억새꽃과
그 아래 방아다리 둔덕 옻나무 새빨간 잎새

그리고 개정면 들판이
함께 어둠으로
나의 해답이 됩니다
가을이 왔습니다 더 이상 올데갈데가 없습니다

그 아비

딸이 오는 날
제라늄화분 여섯이
일제히 꽃들을 피웠다

딸이 가는 날
늙은 내 손가락 씀뻑 벴다

자살바위

제주 사라봉

사라봉 옆
별도봉

별도봉 뒤
낭떠러지
여기 선바위
자살바위

여기 서서 한라산을 휙 돌아다본다

여기 서서
제주해협 낙조의 소멸을 휙휙 앞으로 본다

전혀

제주 신구간* 1만 8천신이 가고
1만 8천신이 또 온다

* 신구간: 제주도에서는 양력 1월 1일부터 음력 1월 1일 사이를 신구간이라 해서 새로운 삶을 시작하는 시기로 삼고 있다. 새로 이사하고 새로 통시도 단장하고 서까래도 고친다.

태종대

태종대에는 눈물이 없다

사람들아 여기 와서
한 방울의 눈물이 되어 드려라

새끼 넙치

방금 낚시바늘에 걸린
새끼 넙치의 절망
그 절망으로
물 위에 떠오르며
퍼덕이는
그 절망 속의 희망

오늘 친구의 아들에게 친구의 안부를 물었다
3년 전에 세상을 떠났다 한다

그래도 이 세상에는 퍼부어댈 욕이 있다

어느 자화상

단어와 단어 사이에는 국경이 있다
그 국경 언저리
오도 가도 못하는 무국적자가 있다

그 단어들의 사생아인 시인

니나노

목포 삼학도에 갈거나
제주도
제주도 서귀포에 갈거나

10년 병석에 누워 있는 오영호의 꿈 속 끝 간데없이
긴 니나노

출타

옷 한 벌 없이 살아가는
휴전선 짐승들에게
달마을 덕보에게
미안하구나

바람 부는 날
나는 제일모직이라는 걸 입고
집을 나선다

개들아 악발이로 악발이로 짖어대어라
나 또한 거지이거나 도둑이거나
그 중의 하나

이 세상

저 연못
바야흐로 연꽃들 한창이구나
저 연못 속
무지무지한 생과 사 한창이구나

이 세상은 어머니만이 아니다 결코 아버지만이 아니다

그리움

잠 깨어
천둥소리 나머지를 듣는다

아버님 세상을 떠나신지
40년이 되어간다
어머님이 떠나신지
벌써 10년이 되어온다

천둥소리 뒤로 비가 온다 그제서야 잎사귀들 후두둑
깨어난다

단장斷章

희슥한 밤
내 오장육부
시끌시끌한 1만 귀신 빠져나갔다

텅 빈 아픔

적막강산의 아픔

기운 조각달이
이 세상 거울의 시작인가

嗚呼 應無所住而生其心

네 휴전선

여기가 백년 전 싸움터란다

피의 능선
저격능선
스탈린고지
철의 삼각지
백마고지

여기가 백년 전 싸움 3년
그 무지무지한 싸움 그친 곳이란다

그날 이후
성난 총구멍에서
총알이 나오지 않았단다 원추리꽃이 피었단다

휴전선 비무장지대

차츰 그 싸움터에서

욱은 각시풀덤불
빽빽한 물버드나무 박달나무 산벚나무
쇠오색딱따구리가 날고
개똥지빠귀가 이쁜 둥지를 틀었단다

앞서거니
뒤서거니
가을낮밤 귀뚜리
오지게도 울었단다
불현듯이 노루 귀 쫑긋
한나절 긴 안개자락이 꼭 누구의 어머니였단다

여기가 백년 후
이렇게도 네 춤의 강산이란다 고개 수굿이 구절초꽃 핀단다
석양머리
타는 하늘 속
백년 전 수백만 이름들이 살아와

이제사 너훌너훌
긴 소매 춤추는 강산이란다
고추잠자리 한 쌍
그 서러운 꼬리로 뿔 붙어 날아간단다

네 휴전선 동산이란다

나그넷길 몇 개

거두절미

저 고대의 소년
혜초의 바닷길 몇만 리 끝 아휴 살아 있었다
동천축 나루에 올라
택 없이
다섯 나라 떠돌아

서천축 간다라
설산
파미르고원
해골의 모랫바람 타클라마칸
기어이
당나라 장안에 이르기까지 아휴 살아 있었다 돌아오지 않았다
그 일생의 왕오천축국전은 무엇인가

저 저승의 돈황 막고굴 밀교의 어둠 천년

그 굴 속 잠들었던
왕오천축국전은 무엇인가

1323년 5월 25일
익재 이제현은
원나라 황제의 노여움 불러
귀양살이 떠나 버린
하늘가
티벳 사캬로
귀양살이 떠나 버린
충선왕을 구하려 애를 녹였다
그 사캬에서
겨우 청해성 도스마로 옮겨드렸다

원나라 복속국 고려의 신하는
밤마다 잠자리 뒤척였다
그러다가
고려 송도에서 북경으로

그곳에서 서으로 서으로
저 옥문관 넘어
붉은 바위
검은 바위 도스마에 갔다
나귀 타고 가다가
걸어갔다
고된 몸 깨어나면
노숙천막 안에서 시를 지었다
걸어갔다
걸어갔다
말라빠진 충선왕을 알현하고 울었다

조선 후기
고산자 김정호
조선 방방곡곡 가고 갔다
산에 가
산을 재고
물을 재고

골짜기를 쟀다 시시콜콜히 마을을 쟀다
범과 곰 스라소니
고비를 넘겼다
금강산 구룡연 물의 깊이를
삼줄 이은 칡넝쿨줄로 쟀다 스물여섯 척이었다

비바람 때리는
백두산 천지에도 몇 번
바다 건너
한라산에도 올라
네 바다의 길이를 쟀다

이 필생의 나그넷길로
드디어
삼천리 강역 대동여지도를 이루어냈다
어느 곳도
어느 곳도
고산자의 지친 행로 아닌 곳 없이

가고
가고
또 가므로
드디어
나라의 온몸
나라의 온몸 핏줄을 이루어냈다

아 삼천리 조선

그 뒤 옥방에 갇혔고
그 뒤
이승의 나그넷길에
저승의 나그넷길을 더했다

1920년대 이극로는 숫제 무일푼으로
시베리아 이르쿠츠크 공산당대회에 참석했다
돌아오는 길
두 다리 걸음품 팔아

그곳에서 바이칼호 돌아
몽고사막
쓰러지며 일어나며
내몽고사막
북경
서주
상해에 이르기까지
절뚝거리며 왔다
무르팍 뭉개져 버리며 왔다

고대 이래 이런 지극한 길들을
시시껄렁한 내가
감히 흉내내고 있다
자동차 앞자리 타고
기차 타고
14시간 비행기 타고
나그넷길 조상의 붕정만리 그 길들을 흉내내고 있다
허나

내 소원 하나 반드시 있다

장차 두 발로 걷지 않고
네 발로
산등허리 타고
네 다리로
강 가슴 타고
구름 배 타고 가는 듯
온 몸뚱어리
내달려 가는 것
일필휘지 꼬리 소리치는 것 그것

선유도에서

천년 전
아홉 살짜리 최치원이
아버지 임지에서 태어난 신동으로
시를 읊었던 곳
천년 후
열일곱 살 호성*이
육지의 전란 건너
호롱불로 시를 찾던 곳

다음날 저녁바다
온통 불지르고
혼자 울었던 곳

고군산 선유도

* 호성: 1950년 고향의 선배 김기호는 효성曉星이라는 호로, 고은은 호성湖星이라는 호로 형제가 되었다. 호성은 효성으로부터 담배와 술을 배웠다.

오늘밤 이 선유도의 이 집 저 집
처마 끝 등불이 와 있구나
저 건너
장자도
신시도
뜨믄뜨믄 등불이 와 있구나
25년 전 큰 바람 때
한꺼번에 돌아오지 않는 아버지들 제삿날
25년 전
가오리 박대 쭈꾸미 백조기 따위밖에
모르던 어린 것들
어느새 퀴퀴한 어른이 되어
돌아오지 않는 아버지 빼다박아
헛기침 인기척도
어깨쭉지도 빼다박아

자정 이슥 사신辭神하고 돌아서서
적이 하늘 어둠 쳐다보는 것도 빼다박아

등불들 하나하나 떠나가누나

천년 전과 천년 후 한통속인 듯
밤바다 저쪽 사뭇 시 읽는 소리인 듯 무슨 소리 들리누나

너에게

걱정 마라
또 바람이 분다 바람에 빈 가지들 뛰논다

또 너에게

바다 밑
고기떼

바다 위
갈매기

내 고향은 허허 이렇소이다

곰

저 늙은 곰
겨울 나고
세상에 나오는 것 봐

제 새끼
등짝에 업고
나오는 것 봐

아득하여라 나도 언제였던가 저렇게 느린 걸음이었다
어슬렁
어슬렁

레미제라블

어제 할멈이 혼자 눈감았다

진작 두 아들이 죽었고
딸이
집 팔아 도망쳤다 식모살이 30년이 지나갔다

그러나 불행은 벌이 아니다

주인마님 곧추 서
즉각 다른 할멈을 바로 데려왔다 대문이 으리으리하다

행은 상이 아니다

구름 한 점 없이
오늘은
오늘의 우연이다

내일 할멈의 2일장 화장이 있다 세상이 울 까닭이 없다

수하誰何

나는 8 · 15이다

나는 6 · 25이다

나는 4 · 19이다

나는 5 · 18이다

나는 6 · 15이다

정지! 수하? 나는 밤새워 짓고땡이다 네가 붙인 번호이다

기성복 가게 앞

48년 전
바람 없는 봄밤 정릉 청수장 골목길에서
아기 울음소리를 들었다

오늘 안성시장 건너편
기성복 가게 앞을 지나가다
아기 울음소리를 들었다

이 생떼 같은 아기 울음소리로
48년 전 정릉
그 아기 울음소리를 다시 들었다

얼른 미모사꽃 한 다발을 사들었다 우연은 필연이다

향수鄕愁

벌써 산딸나무 나비꽃들도 연달아 진다

섬마섬마

두 다리로 일어선 아기 기쁨
엄마 기쁨

아서라
이 기쁨이 어쩔 수 없는 타락의 처음 아니뇨

어서 돌아가고 싶다
두 다리에서
네 다리로
두 발에서
네 발로

내 고향 멧돼지

내 고향 처량한 달밤 여우
내 고향 빈 배 보이는 할미산 할미꽃 사이
어린 도마뱀의 사려 깊은 네 발
그 재빠른 기쁨으로 어서 돌아가고 싶다

오끼나와

온통 태풍

그러나 태연자약 아기가 태어나는 곳
태어나
힘껏 울어대는 곳

근원

이 아기 엄마의 뜨거운 양수羊水 속으로
나도 들어가
그 아기 쌍둥이로 태어나는 곳

빨랫줄에서 날라간 빨래들
훨훨훨
바다 저승 건너가거라

온통 태풍

무사승無師僧

벗들 요사이 내 생각은 이러하다네

고대 떠돌이 두보 읊조리건대

앞 어른께 미치지 못한다 하여 한탄치 말게나
차례차례 옛 것 따르면 된다네
거짓 체 잘라내고 본바탕에 다가갈지니
날이 갈수록 많은 스승 복될진저

한동안 나 또한 이 노래 희위육절戲爲六絶의 맨 끝을
쓸 만하다 했거니와
요사이는 정녕 그럴 수 없다네
모름지기 어느 용천배기 울음인들
동구 밖
날궂이 어벙이의 군소리인들
아니
송도 진이 그네의 서리서리 허리 휘감기는 환장할 가

락인들

그것이 이 세상의 태초일진대
어찌 먼젓것들 익힌 나머지
흉내 낸 나머지
그 동서고금의 반열에나 끼는 노릇에 혹하겠는가
이로부터 나는 알거지로나마
앞 어른들을 지극정성 따르거나
짐짓 그것들에 화운和韻 차운次韻하는 짓거리 따위는
아예 사절
그 위쪽
6만 년 전 암굴 속
2만 년 전 충주 단양 암굴 속
그 원시여인의 깜깜한 가슴 속으로 돌아가고저
아니
그 원시 따위도 내쳐
옛 부처 나기 전
허허망망
그 얼음덩어리 기역자 니은자 모르는 대가리

그 숨막히는 태초로 하여금
호젓이 피어나는 제라늄 입술꽃 한 떨기의 노래로 돌
아가고저
저잣거리 시시한 소리
허튼 소리
데데한 녀석들 주고 받는 개소리로 돌아가고저

그런 곳에 언뜻언뜻 나비 나래치는
헛것 같은 노래로
고개 넘어
그 반파쇼의 노래로
그 구름 분노와 이슬 희열의 노래로
버젓이 돌아가고저
태초의 궁窮 그곳

그러므로 가령 조선 후기의 삐딱한 미덕인 바
법고창신法古創新
그 법고 따위도

할머니의 오줌인지
할아버지의 오줌인지 모르는
그 노릿노릿한 웃국 술항아리에 집어 넣어
휙 저어 버리고
저어
한 종지 퍼 마셔 버릴 것
(누구는 어찌 법고 없이 창신이라오 꾸짖으시겠으나
본디 창신의 창이란 전무前無요 전무후무일 터)

제 그림 한 폭도 어제 그린 것은 몰라보아야 하건대
글씨 한 자에도
안진경이니 왕희지이니 하는 따위
끝내 좀도둑만도 못해
구죽죽한 장마철 귀신만도 못해

무슨 화파
무슨 시파
무슨 스승의 직계 방계 사돈의 팔촌

무슨 종파
무슨 파
무슨 파의 그 지긋지긋한 노복질
그런 허접쓰레기들로부터 뛰쳐나와
그런 4색 8색으로부터 뛰쳐나와
그런 탁상 탐진치로부터 뛰쳐나와 좌와 우로부터 뛰쳐나와

아득하여라
천산남로 무변사막 바람 쳐
그대 해골을 묻게나
어쩌다가
묻힌 해골 새로 잇히히히 신 내려 드러내게나

요컨대 시의 본체는 불효막심 불충의 대역부도일 터
오호라 고립무원의 무사승 이것일 터
저 무논 개구리 울음소리들에게
무슨 놈의 어버이리요

저 벼락 천둥소리에
무슨 놈의 임금이요 스승이리요

요사이 부질없이 내 생각 이러하다네 내년이나 내후년은 또 어떤 생각 불러올지 모른다 하더라도

무등산

그날 저녁 퇴근 남편을 기다리다가
총소리에
사뭇 걱정이 되어
남편이 오는 길목에 나가 있다가
어이 어이없이
마구 갈겨대는
전두환 부대의 총알에 맞아
쓰러져 버린 젊은 아내
그 아내의 뱃속
일곱 달짜리 아기
엄마 죽지 마
엄마 죽지 마
뱃속에서 발길질하다가
끝끝내
엄마 뒤따라
그 뱃속 목숨 놓아 버린 아기의 이 세상에
무등산 있다

그로부터 어언 24년
오늘 나는 전남도청 앞 분수대 언저리에 서 있다
산 한 자락이 조금 보인다

아버지

조기반찬을 집어 먹으면서
아버지가 보고 싶었다
단풍나무 산딸나무 밤나무 후박나무 벚나무의 낙엽을 쓸면서
아버지를 꿈 속에서 보고 싶었다

추운 날에는
내일은 따뜻할 게야
고개 들어
코가 찌익찌익 막히면
괜찮다
내일모레는 어슨 듯이 나을 게다

왜정시절
쌀독에 쌀 없으면
오늘밤 자고 나면
쌀이 올 게다

달 뜨면
너훌거릴 긴 소매 아니고도
덩실
덩실
학춤을 오래 추시던 아버지

호박꽃 속 벌인 듯
그 춤을 숨어서 보시던 어머니도 보고 싶었다 달이 기울었다

희디흰 젓가락 같은 팔다리의 어릴 때부터
나에게 와 버린
수많은 내일들
가당치도 않은 신명들
순전히 아버지의 것이던가

38국도 대림동산 구름다리 내려오며
나는 또 내가 아니다

아버지인가

뒤돌아다 보았다

집

멋 부리던 가야산 시절
세상이 곧 만다라라 아는 척 했건만
이제
내 늙어빠진 핏줄 사무쳐
다시 아는 척 하느니

온통 나 에워싼 티끌 억조로
겨우 나를 벗어나느니

부디 어리석어라 더 어리석어라

나무가 되었다가
잔 짐승이 되었다가
또 무엇이 무엇이 되었다가

하늘 그물 여기저기 숭숭 뚫려 내 집이 많기도 하느니

가거라
가노라면 길도 누구네 집이란다

봄비

이 밤중에 오시나부다
오시는 듯
아니 오시는 듯
오시나부다

어느 아기의 귀가
이 봄비 오시는 소리 들으시나부다

봄비에 젖어든 땅
그 땅 속
잠든 일개미들이 자다 깨어
어수선하시나부다
이제 막 깬 알에서 나온 어린 일개미들이 깨어나
이 세상이
무서운 줄을 처음으로 아시나부다

봄비 이 밤중에 오시나부다 오로지 내 무능의 고요
죄스러워라

극악

저 사람이
저 저음이 고개 숙인 사람이
저 수삽한 사람이
저 고분고분
그 누구한테도 거스른 적 없는 사람이
네기미씨팔 그런 욕 하나도 몰라
저 장대비 그대로 맞은 순하디 순한 사람이

1950년 9월 12일
그날 밤 저 혼자
원당부락 남녀노소 서른아홉 명을
삽등으로
몽둥이로 쳐 죽인 사람이란다

저 사람이
다 죽이고 나서
뒷산 솔밭 아버지 어머니 산소에 절하고
사라졌던 사람이란다

나무노래

장자 소요유
8천 년을 봄으로
8천 년을 가을로 사는 나무
참죽나무님이 계시더군

장자 소요유가 아니라
실지로
3천 년을 산 삼나무님이 계시더군
실지로
6천 년을 살고 가신
에온나무님
아니 7천 년째 살고 계신
삼나무님이 계시더군

그러니 옛 장자 소요유의 참죽나무님도
공연히 지어낸 것만은 아니더군

과연 우리나라 옛 말씀에도
소요유에 질세라
키 3백 리
둘레 2천 아름
나뭇가지에
나무 우듬지에
열 개의 햇님이 달려 빛나는
부상나무님
뽕나무님이 계시더군

그 나뭇가지 3천세계를 다 덮고
그 나무향기 9만 리를 다 덮어 버린
저 태백산 신단수님이 계시더군

아니
아니
그리 크고 크신 나무님과 함께
우리 3천 리 산야

어린 소나무
어린 잣나무님
어린 박달나무님 단풍나무님 참나무님 자라나는 언저리에서
너도나도
그 어린 나무님으로 함께 하고저

우리 모두 지랄 같은 옷 벗어 버리고 수레 버리고
한 그루 나무님으로 살고저

저 아래의 개발프로젝트
굴삭기 불도저 트랙터
이런 것들로부터 가장 먼 곳의 나무님으로 살고저

짝퉁

짝퉁

이 낱말을
내 사전에 올리리라

무섭구나
나는 누구의 짝퉁이냐
그 누구는
누구의 짝퉁이냐

밤길 철새
연달아 가는
이 상호텍스트의 한 낱말을
내 원시어사전에 꼭 올리리라

짝퉁은 진짜의 꿈 아니냐 그 지긋지긋한 진짜로부터의 해방 아니냐

미륵반가좌사유상*의 오늘

아득히
56억 7천만 년 뒤에 오실
마이트레야를
아득히
56억 7천만 년 앞으로 불러낸
꿈

마이트레야 반가좌사유상의 달밤

어찌 이다지
어찌 이다지 꽃 지도록 고요하냐
폭풍이여 오라
이 고요 모조리 가져가거라

그대의 사유는 너무 요염하다

* 미륵반가좌사유상彌勒半跏座思惟像(미륵: mailtreya): 미륵보살의 한쪽 다리를 걸친 사유의 형상, 한국 국보 83호, 중앙박물관장 소장.

어찌 이다지 어여쁘냐
암흑이여 오라
이 숨막히는 어여쁨 다 지워 버려라

아득히 56억 7천만 년의 오늘
나의 생은 물결친다

나옹이 나옹에게

저 하얀 구름은
저 하얀 구름만한
세상의 어리석음을 보지 않네
저 태산준령은
저 태산준령만한
세상의 아픔을 보지 않네
저 청산리 벽계수는
저 벽계수
한번 가면 다시 오지 않는 긴 긴 강물만한
세상의 굶주림을 보지 않네
저 달은
저 넓고 넓은 달밤 같은
세상의 온갖 욕망을 보지 않네
저 연꽃은
저 연꽃 다음해의 연꽃은
세상의 야만 판치는 레바논을 끝끝내 보지 않네

다 버리고

그냥 보숭보숭 구름이고 싶지

산이고
물이고 싶지
입 달리지 않은 달이고 싶지
어머나
저 꼭대기 쌍둥이바람꽃이고 싶지
담벼락 밑
닭벼슬 맨드라미고 싶지

그러지 마 해탈은 통곡일걸 어설프디 어설픈 미소 아닐걸

한 해 한두 번

어머니는 효자를 낳지 않으시고
길 못 든 가라말을 낳으셨다 잘못이셨다
낳으시자마자
모진 산욕으로 피 한 말씩 쏟으셨다
반드시
한 달에 한 번
넋 놓아 외치게 통痛하셨다
그러다가
피 한 말 쏟고 나시면
언제 그랬냐는 듯
새 단솟곳 입으시고
옥색치마 입으시고
일어나셨다
일어나
쇠정지 우물로 물동이 이고 가셨다 선녀하강이셨다

어머니의 무덤은 은파 수중교 물빛다리쯤 내려다 보셨다

놀랍게도
젊은 날 무지무지하게도 죽음의 하인이던 내가
지난 30년
그따위 죽음 생각한 적 없다
앞으로도 그러리라
그렇다 하며
生也一片浮雲起
死也一片浮雲滅
이따위 허튼 노래 부르지 않으리라

오로지 풍뎅이 주검
거미줄과 걸린 나비 주검
그러면 된다
더 무슨 휘황찬란란한 죽음이리오
나는 별이 아니다
그렇게 빛나는 죽음이야
나의 것이 아니다

한 해 한두 번 가뵙는
어머니의 무덤에 불효자식의 허한 술을 뿌렸다

어머니는 말 없으셨다
말 없으시다가
못내 한 마디 하셨다

그러지 말고 아까운 것 너나 마셔라

두 사람

동산은 49재 법상에 올라

이제 신원적新圓寂 무렴거사는
틀림없이 왕생극락하였노라

라고 설하셨다

일동이 기뻐마지 않았다

효봉은 49재 법상에 올라

신원적 대원해보살 자녀들의 효심이 지극하노라
허나 이로써
대원해가 바로 왕생극락한 것이 아니노라

라고 설하셨다

일동이 시무룩하였다

자 어느 쪽이 맞을까 나더러 묻지 마 다 틀려 버렸어

효봉

두 아이가 논다
한 아이가
나중의 효봉이다

평안도 두메 낮닭 울다

아무래도 다른 한 아이는 누구일지 모르겠다

시조 다섯
— 생전 처음으로 시조라 하여 지어보다

멧비둘기

무영탑 아니더라 다보탑도 아니더라
바랭이풀 밭머리 헐벗은 난쟁이 탑
재 넘어 멧비둘기만 오고가고 하더라

인제
— 2007년 7월

지붕도 떠나려갔다 대들보도 다 묻혔다
뒷동산 보이지 않고 앞마을도 없어졌다
여든 살 할멈 혼자 죽은 손자 못 찾누나

미류나무

큰 바람에 입 다물고 하루 내내 견디었소
큰 비에 두 눈 감고 지긋이 견디었소
이윽고 비바람 자니 1만 잎새 일어나오

백록담에 올라

지난날 허위단심 한라백록 선바우라
한 자락 구름 뒤로 네 바다 깨어나매
내 꿈 속 일만 물결이 그칠 줄을 몰랐더라

백두영봉에서

그 새벽 벅찬 가슴 백두영봉 올랐더니
동으로 떠오른 해 서으로 지는 달님
이 겨레 서로 비추어 열려오는 하늘인가

무제

배고픈 아이 울었네
아픈 아이 울었네
엄마 잃은 아이 울었네

나도 따라 울었네 오늘도 나 일흔셋으로 우네

순임이가 생각난다

어제 저녁때
10여 년 전 경기대 대학원
내 연구실 조교이던
인창중학교 국사교사 김진우가
그의 약혼녀 왕혜선과 함께 인사 나누러 왔다
11월 2일 정오
갈현동 뷰웨딩홀이 식장이라 한다
그날 아침
차를 보낸다기에
아니다 그곳이라면 지하철 3호선이 있다
차 없이도 된다고 말했다
그들에게 맞는 주례사를 해야 한다 정성을 들여야겠다

오늘 아침 6시 지나
1951년쯤의 고향 풍경이 왔다
순임이 오빠 상태가
국민방위군으로 떠나는 날
순임이 어머니가

없는 쌀 한 홉 구해다가
고봉쌀밥 한 그릇을
상태에게 먹일 때
굶기를 밥 먹듯 하는 그 집
정작
순임이는
빈 배 꼬로록이며
떠나는 오빠 서러워하며
닭똥눈물 떨구던
그 새벽녘 순임이가 생각난다
그 새벽녘 순임이의 배고픔이 생각난다

지금 살아 있을까
나보다 서너 살 위였으니
살아 있으면
일흔여섯이나 일곱

문득 그동안 멀리 멀리도 가 있던

나의 죽음이
순임이 생각에 뒤이어 따스하게시리 왔다
깨닫노니
죽음이야말로
어머니의 허공쯤인가

순임이 어머니가
성님
성님
성님
우리 성님
하고 좋아하던 내 어머니도 공짜로 생각난다

오끼나와의 무덤들은
다
어머니의 보지 모양이지
죽어
다시 돌아가는 어머니의 그 보지 속이지

달밤

이제까지
너와 함께
살았다
아니
이제까지
너한테
너무 많이 얻어먹고 살았다

달하

어머니는 돌아가셨다
누나는 어디로 가서
살았는지 죽었는지 모르겠다

달하 나는 뻰뻰스러운 건달이다 이제 너 팍 져버려라

독도에서

네 이름을 부르러 왔다
네 이름을 불러
세상 아득히
너의 천년을 전하러 왔다

동해 독도

독도

— 이것은 시인 김종해의 청탁 1주일 뒤인
2005년 2월 16일 새벽 꿈 속에서 나왔다

내 조상의 담낭
독도

네 오랜 담즙으로
나는 온갖 파도의 삶을 살았다

저 기우뚱거리는 자오선을 넘어 살아왔다

독도
너로 하여
너로 하여
이 배타적* 황홀 차라리 쓰디쓰구나

내 조국의 고독
너로 하여

* 이 작품 속의 '배타적'은 '배타적 수역' '배타적 영토' 등의 국제법 용어를 차용한 것이라 해도 좋다.

나는 뒤척여 남아메리카에 간다
뼈와 살이 닳도록
봄밤 북두칠성에 간다
가서
반드시 돌아온다

내가 내 자식이 되어
너에게 돌아온다

내 자식의 담낭
독도

기념시
— 민족문학작가회의 30주년에 부쳐

1974년 이래
우리는 우리의 노래가 되어 버렸다
영광인 고난
고난인 영광
우리는 우리의 뜨거운 이야기가 되어 버렸다

돌아쳐
어제는 겨레의 먹통 같은 슬픔
오늘은 깡그리 세상의 춤이고저

이 30년
우리는 이제 어쩔 수 없이 우리의 소맷자락 춤이 되어 버렸다

바람과 구름아 오라 다시 30년

다시 백두산에서

해 뜬다
이 삼천리 강산 모든 풀잎들 꽃잎 이슬들
아침 햇발 한 살 한 살에 눈 뜬다
물싸리꽃 곰치꽃
우정금꽃
기뻐라

1백 년 전 하나였던
1백50년 전 하나였던
아니 3백 년 전
어느 먹밤 터무니에
오로지 하나였던 것

1백 년 후
어찌 하나 아니겠냐는 것

---

* 이것은 2005년 7월 22일 새벽 백두산 정상에서 개최된 남북 민족작가대회 민족문학축전 앞머리에서 즉흥으로 지어져 낭독한 것임을 밝혀둔다.

1백 년 전
1백 년 후
이 사이 펄펄 살아난 지금
어찌 하나 아니겠냐는 것
이대로 쪼개어진 절반짜리로는 더 이상 못 살아
돌아쳐
못난 가시철망 조용히 걷어내어라
못난 내 마음 속 굳은 벽 녹여
거기 문 연 푸른 들녘이거라

오늘 새벽 4시 백두영봉 정수리에 꽂히듯 올라
뜨는 해 지는 달 아래
내 조국 전체를 깡그리 바라보며 바람 부른다
기뻐라
기뻐 어쩔 줄 몰라
어흥 호랑이 울음 운다
숨지 못해 젖어든 내 눈동자
열여섯 소년 그 시절의 그것

여기 백두 열여섯 봉우리에
내 핏줄 걸어 바라본다

내 몸의 여기저기
박힌 못들이
다 빠졌다
과연 장군봉 망천 후 사이 날릴 듯 날릴 듯 날릴 듯
세찬 멍석바람에 쉽쓸리며
내 조국 전체를 바라본다
소백 간백을 본다
북포태 남포태 마천령을 본다
구름장 비껴
온 넋 드러내는 무슨 산 무슨 산들을 본다
그리하여
내 온 운명이 노래 된다 춤이 된다
내 허파도 지친 쓸개도 춤이 되고야 만다

저 칠보 낭림 묘향

저 구월
저 금강 일만이천봉
그리하여 외설악 내설악을 본다
저 문수사리 오대산
치악 월악
태백 소백을 본다
한 생의 지리산 천왕봉 노고단을 본다
바다 건너
내 자손의 조국 한라산의 아침을 본다

아니 수수천만 산들 산골짝들
수수천만 산과 들에 길을 내고 가는
어머니와 누이 강물들
수수천만 겨레붙이 피붙이 얼붙이
그 삶과 죽음을 본다

몇 해 만인가
다시 백두산 정수리 새벽에 올라

몇 해 만인가 속 깊이 우짖어
남김 없이
내 빈 발걸음 터벅터벅 내려간다
내려가
삼지연 백두영봉 그림자를 오롯이 맞이한다
아니 둘이 아닌
하나의 삶 그것을 낳고야 말
햇빛 부신 하루를 맞이한다

저 바다 가득히 해 진다

부치지 않은 편지

어느 누구의 손아귀도 사절합니다
숱한 생멸 속
지난 세월 한 번도 거를 줄 모르고
꽃들은 절로 절로 피었습니다
내 잠든 어리석음도 함께
흩뿌린 노랫소리 개나리꽃들이었습니다
그런 노래 저만치서
벙어리같은 백목련꽃들이었습니다
여름이 왔습니다
뻐꾸기소리 날 저물어
모든 빈 곳의 말없는 결핍 한 군데도 없습니다

지난 세월 해마다 어김없이 와야 하는 겨울이었습니다
추운 나뭇가지 밑은 손님처럼 조심스러웠습니다
다른 흔들림과 더불어
흔들리는 떡갈나무 가지들
아가위나무 가지 끝 장구채 우듬지들이
공중으로 설장구치며 뛰어다녔습니다

현재란 과거와 미래 사이의 어떤 아기인지
이 세상은 조금도 쉬지 않습니다

돌이켜보면 십 년 고향은 몇십 년 타향의 앞이었습니다
누가 물어도 이것이다 저것이다 선뜻 대답하지 못하였습니다
다만 떠도는 것이 아니면
그래서 떠도는 자의 노래가 아니면
끝내 진리가 아니었습니다
흐르는 물이 도리어 고아 같은 산들을 길러냈습니다
이윽고 배 한 척 없이도 바다에 이르러
스스로 사라졌습니다
나의 고독이 나의 자유였습니다

오 수많은 이야기 속에 사람들의 길이 있었습니다
오랫동안 누가 치지 않은 종일지라도
어느 옛 종소리가 돌아와
상기 새로 울리고 있었습니다

먼 마을들이 한층 더 가까이 와 두런두런거렸습니다
울음을 꾹 참았습니다
수많은 오류들이 반짝이는 물살로 떠내려갈 때
오직 갈잎으로 억새가지로 따라가고 싶었습니다

하지만 무상이란
이 세상의 온갖 애착이었습니다
애착의 착각이었습니다
저 세상조차도 이 세상이 만든 가여운 헛개비였습니다
갖가지 홍망성쇠들이
갖가지 곡절들이 갖가지 사연들이 아직껏 오고가는 철새들이
무상이기는커녕 항상이었습니다
가령 나의 어머니는 85세의 여름에
아들 없이 눈을 감았습니다

제삿날밤은 어떤 패설도 욕설도 떠오르지 않았습니다
신령이 와 있는지

인기척으로 촛불이 흔들렸습니다
한밤중 제사는 결국에는 나의 제사가 되었습니다
나는 살아 있으므로 죽은 자이기도 합니다
하나로 둘의 역할
다음날 지붕에는 기러기똥이 떨어져 있었으며
문 밖으로는 세상의 여러 길로 가는
하나의 길이 놓여 있었습니다

지난 세월 30년 이상 많은 바람이 불었습니다
깃발들이 휘날리며 찢어졌고
빨래들이 기구하게 빨랫줄에서 영영 날라가기도 하였습니다
분노는 땅이었고 고통은 푸른 하늘이었습니다
나 역시 바람없이 살 수 없었습니다
바람도 나 없이 바람일 수 없었습니다
그런 일상이 곧 극한이었습니다
지난 세월 눈보라치는 날이 고스란히 쌓여 있는
겨울 시베리아가 내 본적지였습니다

때로는 눈 덮인 광야 올데갈데없는
굶주린 짐승들의 절망인가 하면
때로는 보리밭으로 묵묵하게 눈 덮어 청청하였습니다
아직껏 몽고반이 지워지지 않은 아이들의
날리던 연 하나가 하늘 속으로 날라갔습니다

이 세상은 사람들이 모자랄 때
신들이 우세두세 함께 있었습니다
이제 그 신들이 하나둘 떠나 버린 썰물개펄입니다
그러나 봄은 반복이 아닙니다
봄밤 불빛 몇 개 떠 있는 바다의 커다란 어둠
여기저기 남몰래 동백꽃 피는 시간이었습니다
오 한 마리 말에 담긴 몇천 년의 시간일진대
내 얼굴을 바꿔줄 친구가 저 하얀 갈매기 울음소리
같은 미지로부터 날라오고 있습니다

미인송

아직 백두산 기슭에는
훤칠훤칠한 미인송이 울창합니다
아직 금강산 기슭
만물상 가는 길에도
훤칠훤칠한 미인송이 울창합니다
그 소나무숲 속
그 소나무 바람소리 들으면
백년의 귀 새로 번쩍 열립니다

그 미인송이 남으로 내려오며
아직 치악산 기슭
옛날 왕실 장례 관목이었던
황장목이 됩니다
그 황장목재 춘양촌에 모이므로
일러 춘양목이 됩니다

훤칠훤칠한 미인이라
백두산 미인송이라 합니다

금강산 이래
아예 금강송이라 합니다
동해 남쪽 울진에도
금강송 저희들끼리
밤새도록 동해 파도소리 얼씨구 절씨구 듣고 있습니다

이 나라의 아름다움입니다
진정코
이 나라의 아름다운 심신입니다
심봉사의 눈 새로 뜨여 내 딸 심청입니다

그러나 이 미인송 종자가
따로 있어온 것이 아닙니다
어느 지대에서는
소나무 줄기 곧아야 죽어 버리지 않습니다
어느 토양에서는
소나무 가지가 행여 가로지르면
당장 살아갈 수 없으므로

굽은 소나무
막 자라는 소나무 하나하나
놀라며 제 허리 곧게 솟아났습니다

너도나도 살기 위하여
곧게 곧게 솟아났습니다
이렇게 천년이 지나자
그것이 미인송이 되었습니다
그것이 황장목이 되어 버렸습니다
살기 위하여
살아남기 위하여
아주아주 아름다움이 이루어져 버렸습니다

겨울 미인송 숲 속
거기 있으면
태초 기운 다 받아
우리네 오명 씻어냅니다

우리네 야욕 녹아냅니다 화톳불 꺼진 추위로 일어섭니다

제군과 나
이런 숲 속으로부터
그 청청한 미인송 솔바람소리로
이곳과 저곳 여러 골짝 속속들이 채워져서 있습니다

낭비의 노래

지난해 나는 폴란드의 한 축제에 다녀왔다
전체 인구 98퍼센트 가톨릭의 나라
중세 대학 코페르니쿠스동상이 바라보이는 자유토론의 방에서
한 대학생이 물었다
당신은 무신론자인가 하고
사람들이 나에게 시선을 퍼부었다
나는 신을 낭비하지 않는다라고 나직하게 대답했다
물을 끼얹었다

폴란드의 밤 어디에도 붉은 십자가는 없었다
천만다행이었다
나는 비행기를 갈아타고 돌아왔다
한국의 저녁은 모든 십자가들이
일제히 붉은 십자가로 솟아오르면서 시작된다
보혈인가
충혈인가

왜 나는 신이거나 무엇이거나 고래고래 낭비하는 나라의 백성인가
만날 때마다
하느님이었다
하느님이었다
왜 나는 고대 이래
부처님만을 부르는 나라의 백성인가
왜 나는 공자 맹자만을 목터지게 외워대는 나라의 백성인가
왜 허균을 매도하고
왜 지행합일을 이단으로 모는가
옛 신령이든
부처님이든
공자님이든 주자님이든
저 혼자 조용히 섬기노라면
얼마나 아리따운가

왜 나는 빼앗긴 직지심경 이래

구텐베르크 은하계 이래
종이란 종이
활자란 활자 강제동원하는 나라의 백성인가
날이 날마다 책과 아트지 광고들이
저 자신밖에 모르는 무더기 글들이
모든 선의의 아침과 저녁을 뒤덮어 버리는
오랜 멍석말이 야만이 판치는 나라의 백성인가
아 시집 초판 3천부는
보루네오와 인도네시아 나무들의 죽음 아닌가
한국 시인 1만 명은 누구인가

왜 나는 내 고향과 내 모교
내 역대 혈통을 낭비하는 6백 년 세월의 백성인가
지난날
나는 밀양박씨가 아니라
조선박씨라고 말한 한 젊은 혁명가가 있었다

왜 나는 이데올로기를 낭비하는 나라의 백성인가

삶의 갖가지 진실 따위 경멸하는 당원들 인테리겐챠들
왜 거대담론
왜 번역한 탁상공론에만 늘어붙어 어쩔 줄 모르는가
왜 나는 뺑 튀기는 정의이고 너는 불의인가

왜 나는 노래를 낭비하는 나라의 백성인가
몇 10만 개 노래방마다
한낮에는 바퀴벌레가 놀고
한밤중에는 유치찬란 동영상과 함께
과장된 감정을 쏟아붓는 남녀노소가 바로 나 자신 아
닌가
왜 나는 술을 낭비하는 나라의 백성인가
왜 나는 5차 6차를 과시하는 개 같은 풍류호걸인가

간밤 꿈
화산이 폭발하였다 다 죽어 버렸다
화산재 날리는 폐허
그곳에서 새로 시작하였다

나의 결핍의 공화국을
모든 화려한 기억을 버리고
한 그릇 찬물의
너의 공화국을 시작하였다 꿈 속이었다

왜 나는 원리주의 배타주의 또는 사대주의만이 확고
한 나라의 백성인가
왜 나는 학파 종파 정파가 조국인 나라의 백성인가
그 지긋지긋한 4음 8색은 수이 사라지지 않았다
왜 나는 4백 년 동안 청백리 200명밖에 없는
만성 부패의 나라의 백성인가
왜 나는 공이 사의 연장인 나라의 백성인가
아 어느 거리나 구호뿐이다 대문짝 광고뿐이다
왜 나는 가든과 파크만이 서 있는 나라의 백성인가
무소유는 날마다 거짓말이고
소유는 밤마다 참말이다
왜 나는 산더미로 물건들을 낭비하는 나라의 백성인가
오 물건들과 소음들

오 쓰레기들

아 왜 나는 나만이 우리만이 천하제일이라고 중심인 나라의 백성인가

전체 아닌 전체 개체 아닌 개체는 언제인가

한없이 높은 문화*가 있는

그리운

그리운 터미널은 어디인가

---

* 한없이 높은 문화: 김구의 말.

모자를 추억한다

내 머리카락 무던히 빠져 있구나
안성 빠리바게트 유리창
내 머리카락 얼마 남지 않았구나
헬멧을 쓸까

1955년
사미승 시절
내가 쓴 모자 테두리에
한 시인이
써준 시가 있었지 그 사람 남미로 떠나 버렸다지

어쩌다 만났을까
어쩌다 만났을까
어지러운 맘 얽혀졌어라
차라리 섥혀진대로
두고
두고
살리라

1965년
제주도에 온
박목월이
나에게 쓰고 있던
캡을 주었지
햇볕 뜨거우니
쓰고 다니라고

1969년 전쟁 막바지의 베트남에 뻔뻔스레 갔을 때
그곳 나트랑의 한 노인이
쓰고 있던 헌 삿갓을
나에게 주었지
머리 뜨거우니 쓰고 다니라고

그 삿갓 테두리에는
베트남 글자가 적혀 있었지
물어
그것이 누구의 시 한 구절인 줄 알았지

이 고개 넘어가면 쉴 곳 있으리라
술 한 잔도
국수 한 그릇도 있으리라
송아지 울음소리도 들리리라

그 송아지 울음소리를
내 나라 군인의 총소리로 부숴 버리고 있었지
돌아오면서
남지나해 내려다보며
속으로
속으로
파고드는 울음 울어야 했었지
군용기 옆자리
최인훈이 물었지
이번 여행소감 여하?
내 대답
한반도는
남쪽이 통일을 이끌고
베트남은 북쪽이 통일을 이끌어야 해

평화 · 1

눈부셔라
저마다
저마다 생활일 것
흐린 날
빨랫줄의 빨래들이
아주 천천히 마르는 생활일 것

이 눈부신 빨래 천천히 마르는 날
어디에서도
포성이 들린 적 없을 것

마구
쏟아부어
퍼부어
황무지를 만들어 놓고
그것을 평화라고 지껄이는
혓바닥이 없을 것

문학이 소재 없는 위기에 처할 것

아니

문학이 소재에 낯설어질 것

생활일 것

평화 · 2

바그다드 외곽기지
스텔스 F-117 전폭기에 장착된
다단계 폭탄에게
27년 전
한국 7공수 11공수
소총 M16 총탄에게

그대들이
일찍이 달밤이었고
길 가녘
꽃이었고
이슬이었던 때를
기억하며 사는 것

만년의 무기들

그대의 어머니인 흙으로
돌아가며 사는 것

처음으로 일어선 아기인
그대에게
박수를 치며 기뻐하는
어머니인 마을에 다시 태어나는 것

어즈버 인간이 인간에게 처음으로 인간인 것

평화 · 3

피이스
라는 낱말에서
나는 피 묻은 사체를 본다
피이스
라는 낱말에서
나는 한밤중 포탄이
작열하는 광경을 본다
크리스마스 이브의 불꽃놀이라고 환호했던가
피이스
라는 낱말에서
나는 침략과 수탈을 본다
피이스
라는 낱말에서
석유를 본다
피이스
라는 낱말에서
중앙아시아 미공군기지를 본다
우리는 다른 낱말을 찾아야겠다

누구도 쓰지 않고 있는
오래된
가장 새로운 낱말을 찾아내야겠다

아니 죽은 말 산스크릿의 '샨티' 를
말레이시아의
'키타' 를
그 고요 평화를
그 우리 모두의 평화를

또한 한국의 아버지가 그의 아들보다
먼저 죽는 것
그 태평성대의
아침 평화를

평화 · 4

평화가 무엇인지 모르는 곳
그곳을
평화라 한다

초겨울
남은 잎사귀들 진다
퇴근하는 처녀들
종종걸음 친다
그곳을
평화라 한다

소가 우는 곳
누가 잘 모르는
산골짝 꽃다지
원추리꽃 시드는 곳
그곳을
평화라 한다

전쟁이 무엇인지 모르는 곳
그곳을
평화라 한다

아직도
옛날장이 서는가
시끌덤벙
그곳을
평화라 한다

굶주림이
밥이 무엇인지 모르는 곳
그곳을
평화라 말한다

오늘밤 나는 늦게 돌아와
밥상 앞에 앉아 있다
마음 밍밍해서

여보

술 한잔 하자

평화 · 5

이곳의 평화는
그곳의 전쟁
그곳의 침략
그곳의 학살
그곳의 고통
그곳의 폐허가 아니다

이곳의 평화는
그곳의 평화이다
그곳의 평화는
이곳의 다른 평화

그럴 것이다 평화의 오고 감 평화의 다름

평화 · 6

오직 누구의 평화만이 평화이다

팍스 로마나
팍스 아메리카나는
평화가 아니다

저 전북 군산 어은동 밭두렁 장다리꽃
그 꽃에 내려앉은 나비가
나의 평화이다

오직 평화는 하나하나이다

평화 · 7

3천 년의 마을
아들의
아들의
아들의
아들의
아들의
아들의 아들의 마을

3년에 한 번쯤 심심풀이로
윗논과 아랫논 물꼬싸움의 마을

동구 밖 주막
사홧술 막걸리 한 사발의 마을

이 마을에서야
아무나
아무개나
아저씨이고 아우이고 숙모이고 누이였다

벌 쏘인 순철이 형이었다

그 평화밖에는
나에게 평화가 온 적이 없다

나야말로 평화의 적이었다 나의 입에 재갈 물려라

평화 · 8

나는 전쟁 뒤에 살아남았다
폐허에 풀 우거져
밤새 벌레소리가 찼다
다음날
나는 풀피리도 불 줄 몰랐다

저 초토 흙구덩이로
어디선가
잔 짐승 거지가 돌아왔다
거지는 인간에게만 있는 것이 아니었다

저 죽이고 죽은 마을 굴뚝에서
놀라워라
저녁 연기가 쭈뼛쭈뼛 올랐다
나는 거기 보며
엎드렸다가 일어났다

평화란 누가 누구를 죽인 뒤인가

아니다
평화란 그것이 아니다
그것은 이름없는 삶
그것은
번역할 수 없는
몇 줄의 시
사투리

평화란 너의 집이고 나의 뜰이다

평화란 해골의 웃음인가 해골의 두 눈인가
아니다

평화이야기

사슬에 몸 휘감긴다 우리들의 8월은 해마다 한숨이
고 또 부푼 꿈
여기 일곱 걸음 넘기 전에 시 한 편 나와야
나는 산다

구름소매 너울거려라 평화 너 어디서 울고 있느냐

있다
갓난아기와 엄마 젖비린내 더 없는 이 행복
멀리 간
아빠의 마음 갈피 환히 웃는
세살배기 얼굴 그 행복

그 아기가 죽은 엄마의 식어 버린 가슴팍
벌레처럼 파고드는 고아가 되는 것
그 아기가
어떤 개 같은 이유도 모르고 죽어 버리는 것
그것이 전쟁이라고 고리타분하게 답하지 말라

묻기 전
답하기 전
그것이 열 번이나 전쟁 아니냐

여름방학 초등학교 빈 교실을 본다
간밤의 어둠 몽땅 먹었으리라
칠판은 성난 매미소리 다 들어 주고
무슨 문제도 척 풀어 주는 벙어리같이 걸려 있다
교장실 옆 방
박제 부엉이와 장끼의 넋 잃은 꼬리
조잡한 충무공상도 곧 입을 열 벙어리같이 있다
방학 끝나자 돌아온 아이들 까불어댈 운동장을 본다
가녘에 번진 바랑이풀을 곧 손질하리라
정녕 꿈 속 아닐 수 없는
이 읍내 학교가
신속이동군 브래들리 장갑차 기지로 징발되는 것
또는 야간폭격의 표적이 되어 불 타버리는 것

차라리 아비규환도 필요 없는 것
그것이 전쟁 아니냐

아들이 아버지를 묻지 않고
아버지가
아들의 의심스러운 유골을 묻는 것
아니
아버지와 아들이 함께 묻히는 것
그것이 전쟁장사 아니냐

묵은 향 울며 사르라

평화는 저주 받았는가
평화는 전쟁과 전쟁 사이에서
이토록 백수건달인가.
평화는 미선이와 효순이가
장차 아기엄마 되는 날이 없는 오늘인가
술집 윤금이의 무덤인가

지금 모든 신들이 죽어가고 있다
태어날 수 없는
모든 신들
거대한 주춧돌들 남은 채
더 이상
천상과 지상 사이
화관 쓴 비천 선녀의 치맛자락 날지 못한다
신들 죽고
전쟁의 신만 살아 있다
전쟁의 아비와 자식만 살아 있다

검수도산 칼바람 불바람 닥쳐올지 모른다

어제는 암굴을 박살내고
오늘은 사막을 뒤집었다
내일은 또 어느 골짝 거덜내는가
살아
이 혹성의 멸망 저도 모르게 재촉하는가

렛츠고! 라고 말하자
몇 10억불 폭탄이 밤마다 작열했다
BLU1186 열압력탄 신났다

스마트탄
스마트하게시리 몰살 주검들 널리는 동안
토마호크
스커드
밤마다 벌집 되는
열화우라늄탄 신나라

세계의 이름으로 울부짖어라 선고하라
죄악

오늘 조국의 이름으로
내 조국 반도를 본다
해골바가지 눈구멍으로
슬픈 지도 내 조국 반도를 본다

분단 58년이면 여한 없다
정전 50년이면 충분하다 이제 닫자
두 말 없이
정수리에 솟아나
분단
그 다음이 와야겠다
언제라도
내일 당장이라도
올 전쟁이 아니라
지난날 잊혀질 수 없는
그 전쟁으로부터
아주
잊어버려야 할 전쟁으로 가버려라

정전이 아니라
정전
그 다음
그 아스라한 벼랑 같은 포옹

그것이 와야 하는
아픈 깨달음 그 행복
있다

지난 60년 가까운 세월 살아 보고 안다
지난 50년
서로 원수진 지독한 날들 꽉 막혀 보고 안다
반드시 한겨레 넋인 것

세계 각처에서
국가와 국가들 연합하는
이 새 잔치판도 모르쇠하는
지지리 못난
넋 잘려 미쳐댄 이 모독의 세월
이제 훨훨 날려 보내야 하는 것을 안다

남이 주는 해방이 얼마나 허위인가를
남이 주는 평화가 얼마나 굴종인가를 이제 안다

서로 어깨 겯고 서로 꾸짖어
대낮과 밤 나의 평화 내 손발로 만들지 못하면
촛불 놓고 조상 제사지낼 자격도 없다
만대 후손의 내일 티 없이 자랑할 자격도 없다

지난 2천 년 여름 세계 187개국이
내 조국의 희망을 지지했다
장차 태양계 별무리들
마구 빗발쳐
춤추는 우주 환호의 떨림과 울림 그것으로
내 조국 감격의 날 있다

거기 가련다